나뭇잎이 나를 잎사귀라 생각할 때까지

나뭇잎이 나를 잎사귀라 생각할 때까지
ⓒ 롭상도르찌 을지터그스, 2007

초판 1쇄 인쇄일 | 2007년 10월 17일
초판 1쇄 발행일 | 2007년 10월 24일

지은이 | 롭상도르찌 을지터그스
펴낸이 | 김현주
펴낸곳 | 이룸
편　집 | 이호석
디자인 | 박선희

출판등록 | 1997년 10월 30일 제10-1502호
주소 | 121-840 서울시 마포구 서교동 395-172 상록빌딩 2층
전화 | 편집부 (02)324-2347, 영업부 (02)2648-7224
팩스 | 편집부 (02)324-2348, 영업부 (02)2654-7696
e-mail | erum9@hanmail.net
Home page | http://www.erumbooks.com

ISBN 978-89-5707-356-8 (03810)

값 7,500원

● 잘못된 책은 교환해 드립니다.
● 저자와의 협의하에 인지는 생략합니다.

나먓이 읫 보라는 의사 거기라 생각함 때까지

일, 을즈지터고스 지음 | 이인나 움김

이름

시인의 말

 한국이란 나라의 이름을 들으면 나는 가장 먼저 마음속에서 바다를 본다. 광활한 초원의 나라 몽골, 드넓은 바다의 나라 한국에는 동일시되는 무언가 커다란 것이 존재한다. 그것은 무한하다는 느낌이다. 망망한 바닷가에 서 있을 때도, 시야가 미치지 않는 끝없는 대초원의 문 앞에 서 있을 때도 먼저 끝없음과 무한에 대한 상념이 날 사로잡는다.
 드넓은 바다와 육지란 음과 양을 말한다. 음양은 여성과 남성을 의미한다. 여성과 남성은 또 부드러움과 단단함을 뜻한다. 하나에 없는 것이 다른 것에 존재한다는 말이기도 하다. 이처럼 하나가 다른 하나를 보충하는 것이 세상과 자연의 법

칙이다.

  몽골 시의 위대한 유산은 마치 바다 깊은 곳에 존재하는 신비스러운 진주처럼 한국 독자들 앞에 열려있지 않았었다. 독자들 앞에 펼쳐진 이 작은 책자에 표현되어 있는 사고는 유목민의 자유로운 사고 가운데 아주 작고 작은 세포에 불과하며, 이 시대 유목 문화의 작은 한 조각이라는 것을 말하지 않을 수 없다.

  본인의 시 몇 편이 십여 개 나라에 번역 소개된 바 있지만, 이번에 한국어로 시집이 출간된 것은 내게 아주 특별한 기쁨을 안겨 준다. 이 좋은 기회를 허락해 주신 이룸 출판사의 강병철 사장님과 나의 친구 이안나 선생님께 깊은 감사를 드리며, 이 책이 나오기까지 수고해 주신 모든 분들께 감사를 드린다.

2007년, 롭상도르찌 을지터그스

ⅼⅼⅼ 육필 원고

Бороолт учир

Би арина
Надсас юу ч үлдэхгүй
энэ бороо ч бас арина
Бороолт учир л
моддод шингэн үлдэнэ

Модод бас арина
Нувуутайгаа,
сэргшхпэтэйгээ арина
Хамаг амьдрал минь арина
Хауды замд бороонт
буйг учир л үлдэнэ

Ити ипэн
цэнхэрхэн, цэвэр
Чи лідт гэрэлтэч учир...
Ити дэ,
төр ч бас арина

2004. S. B.

〈비 내음〉 전문

xx   xx   xx

Гуниг гутхан агхам явтал Гэнгэрт уна сан
малгай шиг той навч
гутлын минь мөргөөд амьсгаа хураав
Далбайсан, когоон бие нь татвасхийсхээр
далдсанаа санаа алдах нэт тавираад
нам боов

Нүдни дээр, биеж нь гарч ниссэн
утаархаг сүнс
шуршин минь шургэд арихэ досхү
одти тодти ацурал, ог точноои
                      жити дундүүр
өртөө зам горган гомон
хаашхэ өваагаа гайхав, би.

2005. 9.5

〈낙엽〉 전문

▌차 례

시인의 말
육필 원고

1부

나는 14
새마다 하늘 15
첫 비 16
비 냄새나는 나뭇잎이 책갈피 사이에 떨어질 때 17
아아…… 18
변화 20
뜨거움과 차가움 22
단풍잎 24
신의 엽서 25
아름다운 기다림 26
자리에 누워 27
나는 물방울 28
달아남 29
봄의 첫 번째 시 30
한겨울의 시 32

2부

나의 몸 36
거울 속에서 자란 나뭇잎 39
밤 비 40
이상한 느낌 41
임신부 42
나뭇잎의 소원 43
거울의 어두운 면 44
더운 밤 46
기타 47
피로연 다음날 48
진실 49
그렇다 해도 50

3부

그때 54
밤 바닷가에서 56
거위들아 58
달에 이르는 계단 60
물 위에 쓴 글씨 61
기다림 62

하늘과 땅 65
깊은 밤 눈이 내리네 66
나무 위에 눈이 내린다 67
비 내음 68
반짝이는 나뭇잎이 있는, 밤의 나무 옆에서 69
내 슬픔의 이야기 70
너의 부재 72
낙엽 73

4부

도시의 가을 76
보이지 않는 아픔 77
내 속에 있는 것들 78
여기서 무얼 하고 있는 거예요? 80
책상 예찬 82
여명 85
슬픔 86
오래된 가로등 밑 낡은 의자 위에서 88
눈, 사원 그리고 나 90
신에게 속삭인 비밀 92
나의 시 93

5부

예민하게 느껴지는 소리 96

잘못 97

옛 노래 98

시작(詩作) 99

세상 끝에 있는 나무다리 위에 100

시월 십 일 102

선물 104

약속 105

검은 밤 붉은 조각배 106

고흐를 기다리며 108

데. 바트토그토흐를 회상하며 110

견디며 남고 싶도록 아름다운 세상 112

공존의 삶 114

나는 나뭇잎이 었네 116

역자 후기

1부

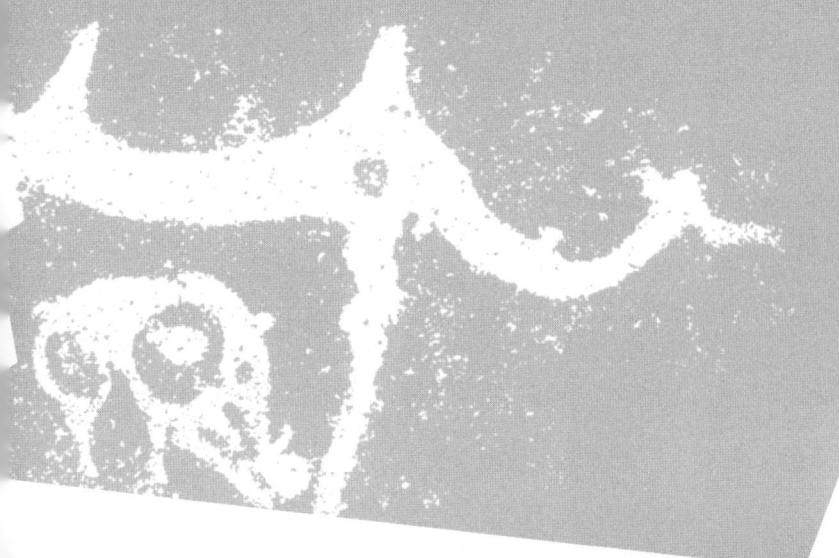

나는

산을 보면 나는 산
안개와 연무를 보면 구름
이슬비가 내린 뒤의 풀
종달새가 노래하기 시작하자마자 나는 아침
   나는 사람만이 아니다

별이 반짝일 때 어둠
여인들의 옷이 가벼워지자마자 봄
세상 사람들 모두 한 가지 소원으로 향기를 발한다
진정 평화로운 마음으로 나는 물고기

새마다 하늘

풀은 모두 나무
돌마다 산
넓은 이 세상
사물은 모두 중심

깃은 모두 새
새마다 하늘
풍요로운 이 삶의
모든 날들이 새롭다

첫 비

창이 닫혔는데도
밖에서 향내가 풍겨온다
이상하게 정신을 일깨우는 신선한 나뭇잎 냄새

봄은 왜 이리도 슬픈 것일까?

뜨거운 입술이 창에 닿으면
전신이 — 심장이 화들짝 놀란다
사랑하고 싶고, 좋아하고 싶다

봄은 왜 이리도 슬픈 것일까?

하늘에 닿은 싱싱한 나무들의
우듬지에서 싹을 틔우고 있는
아주 뜨겁고, 작은 생명
봄

아, 왜……

비 냄새나는 나뭇잎이
책갈피 사이에 떨어질 때

어제를 기억나게 하는 비 냄새에
　여름은 없다
아, 많은 기쁨, 많은 봄은
나를 잊고 다른 세계로 가 버렸다

겨울 창으로 비치는 태양은
병든 누군가의 차가운 호흡
오늘의 종이 위에 내일의
시를 쓰는 것은 병과 같은 것

…… 바로 이런 일이 언젠가 일어났고
분명 다시 반복되겠지, 꿈인 양
지난 삶의 창을 가만히 들여다보니
어제보다 내일이 더 오래되었다

아아……

나는 봄을 꿈꾸며
겨울을 맞이하네
벽에 아네모네를 그리고
가슴에서 물방울을 똑똑 떨어뜨려 주자
겨우내 자라는
크고 푸른 꽃들이
방 가득 은은히 향기를 내며
홀연히 꽃잎을 열었네

책상에 서서
종달새의 목소리로 노래하자
새로 자라난 나뭇가지가
가슴께를 밀며
전신으로 잎을 열고
잎을 열고, 잎을 열기 시작하네
부드럽고 상쾌한 봄바람이
한들거릴 때까지, 싹을 틔울 때까지 나뭇가지를 어루만 졌네

아아!
문을 닫아
고요를 이루어야지……

변화

여행자 바람이 가지 위에
새처럼 앉아
다시 깨어나지 않을 듯
나뭇잎 냄새로 변하는 사이에

구도하는 승려의 가사 같은
빛바랜 검은 새가
다시 날지 않을 듯
잠들어 버렸다

푸르디푸른 날이
손수건처럼 나부끼다가
점을 찍은 듯
갑자기 멈추어 버렸다

두려워 나는 눈을 감았다
다시 한 순간이 지나갈 때까지……

나는 깨어날 수 없을 것만 같다

뜨거움과 차가움

왜 겨울이 춥다고 느끼는 걸까?
겨울은 한기와 눈이 있어 추운 것이 아니다
겨울은 침묵하고 있기에 추운 것이다

1
눈, 눈, 눈, 눈이 내려 쌓이네
  하늘과 대지에 내리네
희고, 희고
  흰 하늘을 밟으며 나는 걷고 있네

높은 하늘이 이렇게 나보다 낮아지고
겨울이면 겨울마다, 날이면 날마다
내 자신보다 나는 이렇게 높아지네

2
방금 저 위에 있던, 푸르디푸른
수천 수만의 하늘이 내 숨결에 흩어져 내리네

날아가며 이 차가움을 느끼는 생명이
올올이 내 손바닥 위에 내리네

하나의 눈발—하나의 태양
언젠가 나는 이렇게 뜨거움에서 뜨겁고—차가워지겠지

단풍잎

백양나무는
헤아리고 또 헤아리며
누런 단풍잎을 떨군다
떨어지는 나뭇잎마다
다가올 여름의 나비

신의 엽서

겨울나무 위에 내려앉은 붉은 새
어제에서 오늘을 향해 보낸 엽서,
눈 위에 밝혀진 빛나는 날개……

세월이여, 나는 그대를 보고 있노라!

말 없는 나무, 그 순결한 가지에 걸려 있는
살아 있는 붉은 손수건, 시간의 돛이
끝없이 넓은 희디흰 것 한 가운데 꽂혀 있다

나의 어제, 나의 내일!

눈물어린 내 눈에 신이 보낸
비밀스런 엽서가……
이제 곧 날아가 버릴 것이다!

아름다운 기다림

별을 향해 자라는 나무 꼭대기에
둥지를 틀고 편안히 지내고 싶습니다
많은 사람들을, 세상일을
하늘 가까이서 살피며 오래 오래 누워 있고 싶습니다

어딘가에서 바람이 불어
보이는 모든 형체가 변할 때
둥지에서 고개를 한 번 살짝 들어 보이고는
나뭇잎이 나를 잎사귀라 생각할 때까지
가지가 나를 가지라 여길 때까지
침묵의 작은 부분이 될 때까지
팔십, 구십, 백 년을 꾸벅꾸벅 졸며 있고 싶습니다

고독할수록 살아있다는 사실이 절실해지고
매순간을 음미하며 이렇게 기다리는 것이
얼마나 아름다운지요?

자리에 누워

침대에 누워 있으면, 방안에 누워 있으면
수많은 붉은 새들이 옆에 내려와 앉는 것은 무엇 때문일까?
수많은 붉은 새들에게서 물 냄새가 나고
가보지 않은 호숫물 소리가 들리는 것은 무엇 때문일까?

짙붉은 날개에서 흐릿한 빛이 떨어져
잠든 어둠 속 어딘가에 소리없이 스며든다
네 벽 안에 흘러넘치는 소리가 가득하고
불꽃같은 눈을 가진 새들 속에서 바람이 보이다 흩어진다

끝없이 먼 길을 날아가는 밤의 파발꾼 새들을
광대하고 어두운 하늘에서 내게 보낸 자 누구일까?
자리에 누워, 잠이 덜 깬 마음속에
수 없이 많은 촛불이 일제히 켜지는 것은 무엇 때문일까?

나는 물방울

형상 없는 비가 형체 없는 하늘에서 갑자기 흩날리며 내리고
누구인가? 그녀 머리가 새파랗게 변해 버렸다
비를 맞은 것도 모르는 여인이
거리 모퉁이에서 파르라니 서 있었다

별들, 태양의 파편들이 뒤섞여
특별한 비가 되어 우리 도시로 흘러내리자
사람들은 집으로 들어가 숨어 버렸다
겹겹의 커튼을 드리우고 추위를 견디며 지냈다

그러나 나는 홀로 창과 환기창을 열어젖히고
떠도는 봄의 신령들을 온몸으로 맞이했다
그 후 나는 영원의 물방울이 되었다
그 후—
　　　시를 쓰는 이유는 바로 이것!

달아남

별에서 내리는 눈
눈에서 자라는 나무
나무에서 생겨나는 봄
봄에서 태어나는 세상을
쓰려고 나는 죽음에서 도망쳐 가네

풀에서 떠오르는 태양
태양에서 시작하는 하늘
하늘에서 태어나는 새들
새에서 생겨나는 희망을
쓰려고 나는 삶에서 도망쳐 가네

봄의 첫 번째 시

옷걸이에 걸려 있는, 빨아놓은 긴 원피스 자락을 들치고
어느 누군가의 가슴 섶을 파고 들어간 소란스런 바람에서
풀과 나뭇잎의 봄 냄새가 훅 끼쳐 왔다
     그것은 분명
어제로부터 온 내 젊은 시절의 사신일 게다!

사월의 태양이 빛나는 나무 우듬지를 스치는
제비의 비행, 제비의 비행 —
         따라가 뛰어오르고 싶다
방금 날아온 새 같은 소녀들이 앞으로 날듯이 지나간다
언제 서른 번의 봄, 서른 번의 봄을 손수건처럼 날려 버렸을까, 나는?

하늘의 푸르름을 물고 온 바람같이 빠른 새들이
사방에서 느닷없이 화창한 계절을 불러왔네
옷걸이에 걸린 치맛자락의 꽃 세 송이는
언제 잎이 벌어지고, 언제 꽃을 피웠을까,

아, 언제 또…… 져 버렸나?

한겨울의 시

 봄이 다시 온다면 나는 벌거벗은 몸으로 거리를 활보하고
 봄이 다시 온다면 나는 집으로부터 탈출하리라
 봄이 다시 온다면 금반지를 삼켜버리고
 만일 다시, 봄이 온다면 나는 모든 나무에 이름을 붙여 주리라

 다시 봄이 오면, 봄이 오는 것을 내 다시 본다면
 첫 비가 창 위로 빛을 뿌리며 흐르는 것을 볼 수 있다면
 아, 살아있는 자에게 다른 무엇이 필요하리오……
 그 다음날 난 죽어도 좋으리!
 정말 다시는 봄이 오지 않을 것만 같다……

2부

나의 몸

내 육신의 반은 심장
그 반은 노래
들어 보세요!
낯익은 소리 같지 않죠?
간간이 끊어지는 가락을
내 자신도 듣고 이해하지 못합니다

내 몸에서 바람이 일고
연분홍빛이 되어
야특* 가락 같은 소리가 흘러나오자마자
작은 잠자리들이 날아와
가는 주둥이로 그 소리를 물고 날아가
나는 이름을 붙여주지도 못합니다

오른손이 때때로
먼 고대적 악기를 연주하기 시작합니다
끝없는 애통함과 전쟁, 난리
왕들에 관한 알지 못하는 노래

전혀 들어본 적 없는 그 가락들이
수없이 가슴에서 쏟아져 나와
나도 내 자신을 알 수 없게 됩니다
먼 창공에서 신호가 이르고
전혀 다른 아홉 번째 음표가
내 몸을 연주하기 시작합니다.

때때로 나는 눈을 감고
꼭 감고, 움직이는 것조차 두려워합니다
— 지금 무슨 소리가 들리나요?
고통스럽게 하듯 더욱 큰 소리가 울립니다
내 마음속에서 기타, 샨쯔**
바이올린 현이 떨리고
내 마음속에서 북이
끊이지 않고 두들기는 북이……
때때로 몸살을 합니다

지쳐 나는 귀를 누르고 눕습니다

그런데 어찌 된 줄 아시나요!
어떤 흥겨운 가락이
내 발가락 사이로 달리기 시작하는 겁니다

---

 * 야특 : 몽골의 전통악기-가야금
 **샨쯔 : 몽골의 전통악기

거울 속에서 자란 나뭇잎

옛날의 비가 창을 두드리는 것은 현재
믿기지 않는 것은 습기 찬 내음
   십 이 월
여자 내음이 나는 촛몸 — 달의 신호……
   아 아 아!
여기에 난 없다, 찢겨 떨어지는 달력 소리

거울을 들여다보니 또 여름, 또 붉은 단풍
고개 숙여 앉아있는 누군가의 흐릿한 모습……
놓쳐버린 시간 뒤섞인 추억들
   모든 것이 텅 비어 있다.
살아 있었고, 살지 않았던 나의 어제들이여!

벽시계, 손목시계, 탁상시계
어디를 바라보아도 시선이 마주치는 수많은 세월들
거울 속에서 나뭇잎을 살며시 꺾어
밝아오는 새벽을 향해 걸을 때
   찢겨 떨어지는 달력 소리

밤비

검은 우산이 지칠 때까지
봄밤을 거닐 때
어디나, 젖어 있는 달빛

이상한 느낌

마음속에 풀이 자란 듯
속이 물결치듯 흔들거립니다
곧바로 설 수도 없는 것은, 마음이 간질거리기 때문입니다
정강이 위를 지나 달려가는 백만 마리 작은 개미들을
바라보고 또 바라보다가, 떠나버린 그 젊은이인 듯 생각돼
나는 왠지 허탈해집니다.

내 앞에 고개 숙이고 앉아 무릎에 입 맞추던
다른 어떤 말도 하지 않던 아내 있는 그 젊은이가
설마 이 개미를 내게 보낸 것은 아니겠지요

여기 저기, 살이 뚫리고
엄청나게 많은 풀들이 밀려 나오는 듯
전신이 이상해집니다

임신부

심장 아래로 물고기가 팔딱거린다……
얼마나 긴 날들을 나는 잉태하고 있어야 하는가?
죽음의 문을 열어젖히고
　태양을 보려고 서두르는
미지의 존재 앞에서 나는 시간을 헤아린다

나뭇잎의 소원

아, 나뭇잎이
대지 위에 떨어질 때
사람이 될 것을 소원하며
내 배를 부드럽게 스치고 갔네

거울의 어두운 면

자석같이 멀리서 끌어 당겨
환한 빛을 반사하는
무지갯빛 나는 이 거울의 어두운 면으로
나는 내 자신을 본다
이 검은 머리털은 검은 게 아니다!
여자의 부드러운 피부
아, 아니다, 아니다!

거울 속에 거울이 있다
   거기에
엄청나게 붉은 눈을 가진 한 사람이 서 있다
내 안에 있는 딱딱하고 울퉁불퉁한 피부
도마뱀 같은
   내 심장에도 털이 있는 것이 보인다

보다가 나는 내 시선을 피해 고개를 돌린다
술에 취한 사내처럼 속이 휘청인다
어디냐, 이 육신의 어디에나

검은 털을 가진 이상한 짐승들이
  알을 낳고 있었다

크게 외치는 소리에 놀라 깨어지는
출렁이는 듯한 유리의
단단한 면에서 나는
내 자신을 만나곤 한다

더운 밤

산 위에 있는 별에서 사람의 눈물 같은 것이 방울져
지나고 있던 밤의 한 가운데로 떨어졌다
밤의 심장에 닿을 때까지 눈물을 흘리다가
실컷 운 하늘이 갑자기 환한 모습으로 빛을 비췄다
아침이 되었다

나는 분명 아니다, 새벽에 별들이 울었다
나는 분명 아니다, 문 저편 나무들이 한숨을 쉬었다
나는 누구도 기다리지 않았고, 누구의 입술도 원하지 않았다
뜨겁게 달아오르지 않은, 어두운 창에 뺨을 대지 않았다

분명 구름 거기서, 바로 달 옆에서
불같이 붉은 눈물을 떨어뜨리고 또 떨어뜨리고 있었다
왜 이리도 밤이 더운가!
— 이것은 내가 아니다, 내가 아니다!

기타

외롭게 버려진, 다섯줄의 기타
손을 대자마자 너는 되살아나
밖에 눈이 오는데 봄을 노래한다
손가락을 타고 내 모든 열기가 네게 이르고
아무것도 걸치지 않은 벌거벗은 줄이 흥분으로 몸을 떤다
차갑게 굳은 네 몸으로 내 모든 피를 쏟아 붓자
네 목에서 리듬이 울려 퍼지며
너는 끊임없는 화음으로 노래한다

어리석은 것, 네가 노래하고 있는 것이 아니라
그곳에서 나만이 연주하고 있을 뿐

외롭게 버려진, 다섯줄의……
미칠 것만 같다
   이것은 기타가 아니다
   이것은 내 육신의 줄 하나가 끊어진 것이다

피로연 다음날

의자 등받이에 기대 누워
생각에 잠긴,
여인 같은 드레스가
희망의 끝처럼 지쳐 힘을 잃었다

땅을 스친 소매는
다시 날지 않을 날개
누구도 다시는 입지 않을,
옷걸이에서 늙을 운명

여인의 몸매를
간직한 드레스여
지금 네가 잊혀진 것처럼……
나 또한 낡았다

진실

세월 속에서 내게 남은 것은 아무것도 없다
난 흰 것도, 검은 것도 아닌 것이 되어 버렸다
세월 속에서 나는 아무것도 가질 수 없었다
내 얼굴에 행복도 고통도 아닌 것이 남았다

하늘을 향해 바라보고 또 바라보아도 나는 하늘이 될 수 없었다
인내하고, 분투하며 살았던 사람이 여전히 남아 있었다
살고 또 살면서 삶을 다 끝내지 못하고
아아, 또 죽어서도 진실을 발견하지 못할 것을 알았다

그렇다 해도

금실로 금빛 물고기를 박음질하고
앞뒤로 길상 문양을 쌍으로 이어 수놓았네
부모님에게보다 더 어리광을 부렸었네
손수건 안에 마음을 싸 가슴 섶에 넣었네

비단실로 수놓았지만
금실, 은실로 문양을 수놓았지만
내 모습을 잊게 하는 자식이 많고
내 마음을 잃게 하는 길이 많다네
그렇다 해도

눈물어린 실로 몰래 사랑을 기원하며 바느질하여
호수의 은빛 쌍어를 수놓아 장식했네
고향보다도 더 정이 들었다네
시접마다 내 말을 깊이 배어들게 하여 품에 넣었네

하루 이틀 꿰맸지만
비단으로 장식했지만

내 언어를 잊게 하는 자식이 많고
내 향기를 잃게 하는 길이 많다네
그렇다 해도

3부

그때

그때 나는 새였다
네 옆으로 수없이 날던
그때 너는 바로 지금처럼
망연히 먼 슬픔을 응시하던
절대 침묵의 산이었다
네 옆을 지나칠 때 자욱한 안개가 끼어 있었다
날갯짓하고 날갯짓하여 너의 발끝에 내리고 싶었다
결코 네 어깨에 내릴 수도
결코 널 바로 응시할 수도 없었다
그때 내 날개 소리를 귀 기울여 들었더라면
진정 크나큰 고뇌를 읽을 수 있었을 텐데
진정 크나큰 소원을 들을 수 있었을 텐데
백 년 동안이나 네 주위를 날던
푸른 눈썹을 눈물에 흠뻑 적셔
네 발 아래 "사랑해"라고 썼다
눈썹을 뽑아
네 발 아래 "죽었다"라고 썼다
그렇지만 너는 바로 지금처럼

하늘에서 내려오지 않는 눈(眼)을 갖고 있었다

밤 바닷가에서

밤바다
나무 부둣가에서
떨며 방향을 잃은 채
   고개를 숙이고 서 있다
갈매기 한 마리가
황혼에 빛을 발하며 울며 날아가는 것이
출렁이는 물결 위로
   튀어 오르는 물거품 같다

바로 지금 이렇게
   바람같이 빠른 새들과 함께 날갯짓한다면
어찌할 수 없이 마음을 흔드는
   출렁이는 물결소리와 하나 된다면

무한한 해저
   그 깊은 곳에 닿을 수 있을까?
끝없는 이 밤의
   끝에 이를 수 있을까?

앞으로 단 한 걸음을 내딛으면
  난 서러운 물이 될 것이다
의미 있는 선택 앞에서
  잠시 떨다 가슴을 편다
눈을 감아도 보이는
  칠흑 같이 어두운 밤바다의
출렁이며 밀려드는 장엄한 물결 속에서
  고요를 얻는다

거위들아

칠흑 같은 어둠 속을
날아가는 거위들아!
어디로 가느냐?
날 데리고 가려무나

가장 높은 산 위에
지금 막 오르고 싶다
뜨겁게 달군 손을
밤(夜)의 돌에 데이고 싶다

바람에 흩날리는 머리카락을 세며
눈을 감고, 깊은 숨을 내쉬며
깊은 침묵 속에서 꿈꾸는 꽃들의
가늘게 떠는 호흡을 발로 느끼고 싶다

그리고 조금 고개를 들어
조금 고개를 들어
점일 뿐인

저 별에 이르고 싶다

달에 이르는 계단

이 계단으로 난 걷고 걷고 또
    걸어서 달에 이른다
끝없이 오르고 오르고 또
    올라 땅에 내린다
거기서 난 색깔 없는 흙과 냄새 없는 풀을 구해 와
수첩 갈피에 남 몰래 살며시 끼워 넣는다

때때로 난 참을 수 없는 슬픔에
펜촉으로 수첩을 더듬는다
색과 냄새 없는 나의 비밀들이 몸을 일으킬 때
아, 난 그것을 어떻게 그릴 것인가?

난 때때로 발견했던 가느다란 계단을 찾지 못한다
친구여, 그때 난 진정 죽고 싶어진다

물 위에 쓴 글자

새가 하늘에서 자취를 남기지 않듯
물고기가 물에서 형체를 남기지 않듯
너는 내 안에 들어와 그렇게 자취도 없이 가 버렸다

새 없는 하늘
물고기 없는 강물
너 없어 **나**는 나 아닌 채로 남았다

너의 말이 물 위에 쓴 글자처럼 희미해지고
너의 입맞춤이 입술에서 루주와 함께 지워지고
너는 내 안에 들어와 물이 되어 내게서 흐르자마자
어딘가로 떠나가 버렸다
너는 내 안에 들어와 눈물이 되어 흐르다가
심장에 가라앉자마자 말라 버렸다

내 육신에서 자신을 찾은
한 가닥 작은 터럭인 너를
다른 새가 물고 제 둥지를 향해 날아가 버렸다!

기다림

밖에 서 있고 싶다
고개를 들어
하늘을 향해
서 있고 싶다

나무처럼 눈에 덮여
서 있고 싶다
내 얼굴 위로
시간의 모습이
뚜렷해져 올 때까지
기다리며
서 있고 싶다

붉은 손수건이
희디희어질 때까지
서 있고 싶다
흐를 때까지
흘러, 지워져 버릴 때까지

그렇게 빗속에 서 있고 싶다

네 향기를 앗아간 바람이
다시 가져다주지
않을 수 없을 때까지
그렇게 서 있고 싶다

귀에 귀걸이가
네 이름으로 찰랑이며 울릴 때까지
기다리며
서 있고 싶다

오지 않을 거라는 말이
부끄러워 숨을 때까지
서 있고 싶다
돌아올 길을 부드러이 하며
한 줌 모래가 되어 부서질 때까지
기다리며

서 있고 싶다

하늘과 땅

하늘에서 대지로 나는 단 한 번에 뛰어내려도
땅에서 하늘로 오를 때는 백 걸음을 걸어야 다다른다
경이로움이란 붙잡을 수 있으리만큼 가까이 있지만
팔이 너무 짧구나
문어처럼 여덟 개 촉수를 가지고 있어도
태양빛의 단 하나도 만져볼 수가 없었다
크고 아름다운 모든 것이 마음 속에서 꿈틀거리고 있지만
꺼내어 보여줄 수 없다

깊은 밤 눈이 내리네

칠흑같이 어둔 밤하늘에 하얀 별들이 방울져 떨어진다
어둠 속에서 누군가 울고 있다
   이 얼마나 부드러운가!
   이 얼마나 차고 고요한가!

환히 빛나는, 얇은, 잠옷을 걸치고
베란다에 맨발로 서 있다
영원히 겨울이었던 것처럼……
깊은 밤 눈이 내리네

측량할 수 없이 아름다운 것이 세상에 내리고
누군가 고요히 숨을 내쉬고 있다
왠지 모를 슬픔
어둠 속 환한 눈빛에
바로 나처럼 누군가 잠들지 못하고 서 있다

나무 위에 눈이 내린다

나무 위에 눈이 내린다
색 바랜 마지막 나뭇잎이
아파하고 있는 걸까, 슬퍼하고 있는 걸까?

위대한 침묵 — 눈
위대한 삶 — 나뭇잎
위대한 죽음 — 가을
그 어떤 것에도 나는 시선을 뗄 수가 없다!
나무 위에 눈이 내린다

내 마음에서 하나하나 떠나고 있는 사람들을 위해
나뭇잎처럼 떠나가고 있는 그들을 위해
비할 수 없이 고뇌에 가득 찼던 어제의, 여름의……
나무 위에 눈이 내린다

그러나 지금 내 가슴에는 이미 빛
이상한 침묵의 눈이 나무 위에……

비 내음

나는 사라진다
내게서 아무것도 남지 않을 것이다
이 비마저 사라질 것이다
비 내음만이 나무에 스며들어 남겠지
나무들도 사라질 것이다
새들과 함께, 떨림과 함께 사라질 것이다
나의 모든 삶이 사라지겠지
남는 것은
맑고 신선한 비의
희미한 내음뿐
그런 푸르름, 청정함
작디작게 반짝이는 냄새……
그래, 그것도 사라질 것이다

반짝이는 나뭇잎이 있는, 밤의 나무 옆에서

칠흑 같은 어둠 속 반짝이는 푸른 나뭇잎에서
때때로 빛이 가볍게 퍼져 흩어진다
보고, 눈을 감고, 숨 쉬는 것조차 두렵다
이 순간이 이렇게 끝나버리지 말았으면……

조용히 고갯짓하는 신비한 밤의 나뭇가지에서
깜빡이는 빛이 미소 짓듯 빠르게 지나간다
혹 나무 저편에 신령들이 서 있는 것은 아닐까
아, 내 생이 바로 지금 이렇게 끝나버렸으면……

내 슬픔의 이야기

왜 내게 때때로
이런 슬픔이 찾아오는지 모른다
어째서 나는 삶 없이
살아가는 건가하고 생각했던 것도 이해할 수 없다
이를 수 없어
사람들로부터 스스로를 고립시키게 되었고
말할 수 없어
네 앞에 소리 없이 서 있을 뿐이다

마음에 늘 눈이 온다
그 눈 속을
조용히 걸어가는 어떤 이가
내 마음 속으로 노래하며 걸어갈 때
난 날아가 버리고 싶어 하면서도
날개를 여며 쥐고
그 이름 모를 누군가에게
그 노래를 들려주려고 멈춰 서 있다

가버리고 싶지만, 난
글 쓰는 삶에 잠겨
이야기만을 한다, 그러나
사람들은 죽는 일을 멈추지 않고
죽음의 뒤를 따르나
죽음의 이유를 모른다
내 안에 내리는
눈이 언제 그칠지 모른다

왜 때때로 나를 향해
하늘에서 손을 뻗치는지
바로 내 심장 위에다
낙서를 하는지 알 수 없다

너의 부재

연못에서
폴짝폴짝 뛰는 개구리 소리에
꽃들이 잠을 깨 몸을 흔든다
너는 어디에도 없다

홀로, 갈대를 흔들며
홀로 흐릿하게 걷는
어둠의 눈물어린 촛불
나는 어디로 흘러가는가

너는 어디에도 없다
너는 없다
귀에 귀걸이조차 힘겨워만 지는데……

낙엽

호젓이 걸어갈 때 하늘에서 떨어져 내린
모자처럼 큰 나뭇잎이
내 구두에 부딪쳐 숨을 거두었다
넓적한 푸른 몸을 움츠리다가
남몰래 한숨을 쉬듯 몸을 풀더니 잠잠해졌다
눈에,
몸에서 빠져나와 날아간 연기 같은 혼이
내 얼굴을 스치며 사라져갔다
이토록 많고 많은 삶
그토록 많고 많은 죽음 가운데로
스스로 길을 내고 또 내며
어딘가로 떠나가는 것이 놀랍기만 하다

4부

도시의 가을

메뚜기 소리가 없는 도시의 가을은 쓸쓸하다
거리 위에 떨어진 나뭇잎이
내세를 얻지 못해 지친다

보이지 않는 아픔

나뭇잎을 밟는다
나뭇잎의 심장을 밟는다
나뭇잎을 밟는다
나뭇잎의 눈을, 입술을 밟는다
보이지 않는 아픔
들리지 않는 눈물
미움 없는 죽음……
발아래 누운 성스런 부처님
텅 빈 액자에 절하는 사람들
쓰레기와 함께 신들을 쓸어 태운다

내 속에 있는 것들

내 속에 있는 도시와 거리, 상점들
내 속에 있는 어느 쪽인지 모르게 뻗은 길들
그 길에서 배회하는 살아있는 자, 죽은 자들……
그들은 어쩌자고 지금 내 안에 숨어드는 걸까?

무거운 쇠못이 내 심장에 박히고
그들은 차갑고 높은 울타리를 친다
내 가슴 어딘가에 희미한 가로등을 박아 세우고
점을 찍는 사이 그 빛들은 부서져 버린다

내 안에 있는 사람들이, 결코 죽지 않는 고인들이,
병과 고통, 성급한 욕정을 짐 지고
걸어가고, 기어가고, 달려가지만
망치 소리, 아, 해머 소리가 끊이질 않는다

내 안에 있는 문들, 창들, 벽들
내 안에 있는 극장, 사원, 감옥들……
신자들의 기도 소리와 살인자의 절규 소리가 들리는

내 육신으로부터
희미하게 흔들리는 기억, 가슴에 뭉쳐 걸려 있는 자들을
멀리 쫓아버려 주소서, 신이시여!

여기서 무얼 하고 있는 거예요?

하늘이 붉어 있었다
별들과 나무 꼭대기에 모여
수런수런 이야기를 속삭이며 서로 몸을 치고 있을 때
여름 델* 단추가 나를 향해 살며시 눈짓하며
"여기서 무얼 하고 있는 거예요?" 하고 가만히 물었다

작은 내 방이 붉어지고
아주 놀랍도록 환한 빛이 퍼져
눈을 감아도 깜깜해지지 않고
벌거벗은 어깨에서 빛이 퍼져나갈 때
베개 문양들이 새가 되어
짹짹이며 창문가에 앉아
"여기서 무얼 하고 있는 거예요?" 하고
여인의 목소리로 일제히 물었다

벽과 문에
빛나는 창들이 생겨나
그리로 살짝이 엿보고 있을 때

신들이 손짓하고 있을 때
내 탁상시계가
소리를 죽이고 깊은 생각에 잠겨 있다가
속삭이며 말했다
"여기서 무얼 하고 있는 거예요?"

---

*델 : 몽골 전통의상

책상 예찬

1
벗어 던진 하얀 망사 속옷, 다르마파다*, 흉노시대 자기
뚜껑을 움켜쥔 립스틱, 립스틱으로 그린 붉은 초상
꺼져 있는 휴대전화, 개의 눈 그림, 수면제
길고 긴 밤에 지쳐 희미하게 깜빡이는 조명등,
　　죽어 소멸해 버린 세월들
나의 책상

써지려 하고 있는 시, 살아나려 하고 있는 종이—
　　만세, 만세!
지혜의 빛을 가진 지성의 세간
나의 책상, 나의……

깜깜한 밤에 빛을 뿌리며 부르는 놀라운 이여, 신이한 이여!
　때로 그 위에 올라가 서서 노래할 때는
　가장 높고, 가장 낮은
　나의 무대

낡고 못쓰게 되어 버려지고
애무하고 포옹하며 잠들어 버릴 수 있는
나의 친구여!

세상일 견딜 때 도움을 주고
그때마다 이기게 해 준
나의 스승이여!

비 오는 밤 깊이 침잠할 때 고운
나뭇잎 냄새를 풍기는 듯하고
짧은 생을 살다가 죽을 때
단단하고 좋은 관을 만들게 할
나의 책상!

2
낡고 초라한 책상 앞에
낡아질 때까지 앉아 있었네
손가락이 굳을 때까지, 등이 저려올 때까지

옷이 바랠 때까지 앉아 있었네
많은 세월이
날 버려두고 갈 때까지 앉아 있었네
많은 세월이 나를 그리워하며
돌아올 때까지 앉아 있었네
삶을 노래하며
죽음 가운데 앉아 있었네
죽음을 노래하며
무(無)가 되라 하듯 앉아 있었네
낡은 책상 앞에
낡아질 때까지 앉아 있었네
낡아질 때까지 앉아 있다 일어나자
모든 것이 새롭게 변해 있었네

---

*다르마파다 : 불교 교훈서

여명

나를 위해 준 어느 누군가의 선물
방 안 가득 빛이 퍼지는 크리스탈 잔
캄캄한 새벽에 일어나 나는 이 잔에
가장 붉은 포도주를 달과 함께 부어 마셨다

늘씬한 여인 같은, 빛나는 돌에서
어제의 별같이 희미한 메아리 소리가 들리고
과일 냄새 나는, 흩뿌려진 포도주에서
한 해 여러 달을 음미하며 깊은 숨을 내쉬었다

모든 사람들이 깊이 잠든 시간 자리에서 일어나
차가운 수정 입술에서 뜨겁게 태우는 포도주를 맛보며
눈을 감고, 꽃처럼 몸을 흔들며 앉아 있을 때
밝아오는 여명은 얼마나 찬란하던지!

슬픔

호랑나비가
놀라 포르르 날아가는 것이 날 슬프게 한다
친구여, 나비여!
나는 나 자신조차 두렵구나

내게서 피 냄새가 난다
   탐심과 욕망의 냄새
내게서 어둠의 냄새가 난다
   어둡고, 싸늘하다

난 널 향해 미소 지으며 다가가지만
   넌 나를 보고 놀라 달아났다
내게서 죽음의 냄새가 난다
   도시와 사람들 냄새가 난다

미소까지 생기를 잃었다
   내 몸에 빛이 사라지고...
차가운 손을 온 힘을 다해 뻗쳐도

이를 수 없다, 나는, 아름다움에

오래된 가로등 밑 낡은 의자 위에서

1
안개 낀 도시의 어딘가, 어느 길가에
내일을 향해 깊은 생각에 잠긴 낡은 가로등이 고개를 숙이고
그 가로등 불빛에 자라는 나무에서
온 힘을 다해 날아가는 나뭇잎을 보며 슬픔에 젖는다……

2
슬프디 슬픈 눈으로 깊은 밤을 응시하며
어둠 속, 하늘 아래 앉아 있으면
옛 세상 어딘가에
내 운명이 쓰여 있을 것 같은 생각이 든다……

3
돌길 위에 긴 그림자가 흐르듯 비치고
곧고 검은 머리카락마다 빛이 반짝인다
밤의 가로등과 모든 것을 나누며

비애에 젖어 앉아있는 사람은 나밖에 없다……

4
숨을 거둔 싱싱한 잎새들
뒤에서 울고 있으면 나무들은 소리를 죽인다
바람이 손가락을 내 뺨에 대일 때
진정 좋은 것이 옆에 있음을 느낀다……

5
가로등처럼 휘청이며 서서
돌아오지 않을 어제를 향해 문득 뒤돌아보니
나와 똑같은 눈을 가진 새가 날아와
너무도 슬픈 향기를 발하며 날 바라보고 있지 않은가……

눈, 사원 그리고 나

첫눈이
사원 위에
종소리를
흠모하며 내린다

종소리가
사원 첨탑 위로
소리 없는 눈처럼
고요히 울려 퍼진다

순수한 기원은
입술을 따스이 데우고
성에 낀 속눈썹을
스치며 날아오른다

사원 위에 모셔진 노루가
일어나 시간을 뒤흔들고 오면
그때 비로소

눈이 멈추리라
간절하게 모은 손바닥에
가을이 있고
흐트러진 머리에
첫눈이……

신에게 속삭인 비밀

넌 무얼 좋아하지? 하고 신이 속삭여 물었네

— 사원의 종소리
타들어가고 있는 촛불
어둠 속에 내린 환한 눈빛
범부레이*의 미소랍니다

넌 무얼 싫어하지? 하고 신이 속삭여 물었네

— 사원의 종소리
타들어가고 있는 촛불
어둠 속에 내린 환한 눈빛
아들의 미소랍니다

---

*범부레이 : 아들의 별칭

나의 시

아이를 낳지 못해 괴로워하는 산모의 진통을
끝내고 마침표를 찍지 않은 시를 음미한다
혜안을 열어 나래를 펴지 못했던 생각
죽을지도 모를 자식, 살지도 모를 생명

5부

예민하게 느껴지는 소리

어두운 방 깊은 곳에서 똑똑 소리가 메아리처럼 들린다
어디에서 어디로 떨어지는 방울방울 물소리일까?
물방울 소리, 똑똑 떨어지는 소리
끝나지 않을 듯 끊임없이 들리는 물방울 소리

귀를 막아도 들리는
소리 없는 소리
언제부터 시작된 아픔일까?
누가 버려둔 슬픔인가?

한밤중 똑똑 소리가 메아리처럼 들린다
말없이 다가오는 물방울, 물방울 소리

잘못

나무들은 아무것도 보지 않은 양
나뭇잎들은 아무것도 듣지 않은 체
하늘은 아무런 관심도 없는 듯
일부러 그러려고 한 듯 모두 말이 없다

새들은 아무것도 알지 못한 체하고 있지만
내가 탐욕의 눈으로 어떻게 보았는지 알고 있다
바람아, 어서 말하라! 너도 보지 않았느냐
놀라운 순간의 목격자들이여, 왜 아무 말이 없느냐

하늘 낯빛이 푸르러지지만 그 너머에 붉은 빛이 흘깃 보이고
  달리듯 흘러가는 구름들이 불안한 듯 몰려든다
  풀까지도 눈을 감고 은밀한 미소를 지을 때
  고개 들고 일어나 나는 조용히 울었다

옛 노래

열린 문 사이로 바람이 들어온다
바람 — 비애와 슬픔의 사신
침대 위에 달빛
달이 푸른 고양이처럼 몸을 웅크린다

벽에 걸려 있는 둥근 거울이
내 연인의 마지막 시선으로 흐려진다
시를 쓴 종이는 대지 위에 흐트러져
한숨 쉬는 소리에 때때로 몸을 들척인다

옛 노래는 먼 하늘에서 메아리치고
주인 없는 시간의 문턱에 소리 없이 서 있자
어둠의 눈이 심장을 뚫고 들어와
어디에선가 서러운 냄새를 풍긴다

시작(詩作)

나는 시를 쓴다
모든 것을 잊기 위해
이 하늘 외에 다른 것은 아무것도 없다는 것을 믿기 위해
여기서 떠나가지 않기 위해, 여기에 남지 않기 위해 시를 쓴다

찢기는 심장을 더 찢으려고
울 수 없게 된 사람을 대신해 시를 쓴다
세상의 진실, 일상의 거짓에 지칠 대로 지쳐……
도저히 쓰지 않으면 견딜 수 없어……

살아있다는 것을 믿기 위해
삶을 믿었다고 스스로를 믿게 하기 위해
모든 비열한 것들과 결코 타협할 수 없기에
스스로 울며 시를 쓴다

세상 끝에 있는 나무다리 위에

세상 끝에 있는 나무다리 위에
거대한 달이 빛난다
그곳에는 풀도 물소리도 없고
짐승과 새의 발자취도 없다

깊은 정적만이 이곳을 지배하고
깊은 밤으로 새벽이 밝아온다
오랜 세월 쌓인
나뭇잎에 눌려 고개를 떨군
먼 옛날의 나무들은 허리를 구부리고 있다

침묵 끝에 있는 나무다리에
습기 있는 저녁으로 나는 가끔 가곤 한다
떨고 있던 어슴푸레한 빛으로 희미하게 깜박이며
수줍어하는 외로운 등불에 허리 굽혀 인사한다

부드러운 달빛이 물결치게 한
따뜻한 물에 시선을 흘리며

사계와 다섯 번째 계절의
등자* 소리를 귀 기울여 기다리며 앉아있다

---

*등자 : 말 발걸이

시월 십 일

시월 십 일
첫눈
눈이 오는 하늘을 방 안에 맞아들이며
성에 낀 환기창을 열었다
너는 가 버렸다
습기 찬 길 위에 마지막 말이 된
네 발자국만이 멍하니 남아 있었다

눈을 감고 고개를 젖히자
걸치고 있던 숄이 가을처럼 흘러 내렸다
차가운 입술로 부드럽게 더듬거리며
내 목과 몸으로 눈이 흘러 내렸다
너는 가 버렸다

맑고 차가운 겨울바람이
가슴 속에 침전된 눈물처럼 마음을 점령했다
귀에 녹은 눈의 간절함으로
네 이름을 유리창 위에 썼다

시월 십 일
첫눈
겨울이 있는 거리를 방 안으로 가져와
많이도 찾아 헤맸지만, 너를 찾지 못했다

선물

향기를 타고 가는 바람에 향기를 더해 실었네
내 입맞춤은 이것이 되게 하라
머리카락을 적시는 비로 눈물을 더해 실었네
떠나보냄은 이것이 되게 하라
새벽을 부르는 종달새에 말을 더해 실었네
내 놀랐던 것은 이것으로 말하게 하라
진정 사랑하는 네게 나 아닌 다른 것을 보냈네
이별은 이것이 되게 하라!

약 속

내가 무지개가 될 때
당신은 소년이 되어
여덟 번째 색을 칠해
하늘과 나를 곱게 장식해 주십시오
내가 비가 될 때
당신은 풀이 되어
가느다란 줄기에 몸을 일으켜
날 떨어지지 않도록 맞아 주십시오
내가 크게 소리치며 흘러갈 때
당신이 날 그리워하고 있다면
부드러운 밤으로 찾아와
내 물결 위에 편히 잠들어 쉬십시오
내가 별이 될 때
당신이 마음에 둔
연인에게
날 택하여 주십시오

검은 밤 붉은 조각배

달빛에 흔들리는
작고 붉은 조각배
어두운 밤 한 가운데 있는
빛나는 배꼽
달의 고향에서 모셔 온
늙으신 노시인
그를 회상하는 마음의
환한 슬픔
새벽에 사라지는 달이
마디마디 떨고 있고
나뭇잎 같은 붉은 조각배에
소리 없이 앉아 있을 때
가지 않으면서 흔들리고 있는 것이
바로 나처럼,
살지 않고 죽어 있는 것만 같다
아, 살아갈수록 삶은 멀기만 하고
깊은 밤 흔들리는
심장같이 붉은 조각배

깊은 숨을 내쉬며 앉아있자
머리카락이 가닥가닥 희어진다

고흐를 기다리며

담배연기에 떠다니던 남자들이
날아 올라가 버리듯
힘이 약해진 어떤 가락이
피아노 건반 아래서 몸을 일으키면
누군가 무심코 쏟아버린
빈 잔처럼 마음은 텅 비고
견딜 수 없는 침묵에
눈과 귀를 잊고, 얼굴을 가리고 앉았네

당신의 잊어버린 중절모 같은
희미한 방에서
당신의 취한 눈같이 희미하게 깜빡이는 등불이
한숨을 쉬며 고개를 숙이고
삐걱이는 문 사이로 들어온 바람에
때때로 몸을 흔들며 빛을 발할 때
가늘게 떠는 가녀린 손으로
얼굴을 가리고 앉아, 눈과 귀를 잊네

끊어져 나간 마디마디 가락이
심장에 똑똑 떨어지고
뇌리를 가득 메운 어둠
어딘가에 희미한 불빛이 반짝일 때
꼭 쥔 손바닥 안에 고독을 감추고
견딜 수 없는 깊은 침묵 속에서
수수께끼 같은 누군가를 기다리며
눈과 귀를 잊고, 얼굴을 가리고 앉았네

데. 바트토그토흐*를 회상하며

이제 단 한 번 사랑하고 죽으리라
이제 단 한 번 사랑하게 하고 죽으리라
이제 단 한 번의 가을을, 황금색으로 물든 하늘을 보며
화창한 봄날 단 한 번 숨을 쉬고 죽자
잿빛 흙에서 푸르름이 펼쳐지는 것을 보고
종달새 눈의 미소를 빛나고 빛날 때까지 바라보다가
개미가 풀을 끌고 둥지를 향해 열심히 가는 것을 보다가
높은 곳을 나는 한 마리 새를 이마에 손을 얹고 바라보다가
가리라
무지개를 향해 질주해 가는 용맹스런 백마를
무지개 속에 있는 무지개를 단 한 번 보고 가리라
밤에 나무들이 별들과 자리바꿈 하는 것을 보고
별빛이 빛나는 물속에 발을 한 번 담그고
나는 아주 가련다
마지막 한 번, 꼭 한 번
사원 꼭대기에 모셔둔 노루에게 절하고 돌아가리라
아, 이 얼마나 많은 소원인가, 마음이 어찌 이리도 많은지!

누구도 쓰지 않은 시를 쓰면서……

---

*바트토그토흐 : 태어나면서 지체부자유자였던 요절한 시인

견디며 남고 싶도록 아름다운 세상

　나무 잎사귀, 바람, 머언 하늘
　'나의', '벗', '파라솔'
　떠도는 단어들, 이 같은 슬픔, 남쪽 산비탈의 세 그루 백양나무
　하늘이시여!
　견디며 남고 싶도록 아름다운 것이 세상에 어찌 그리도 많은지요?

　낡은 삶의 문 앞에 전혀 새롭게 선다
　바싹 마른 입술 위에 젖은 눈발이 흩날리고
　한 잔 포도주에 몸을 기울여 슬픔과 고뇌를 잊고
　부러진 연필로 연필 한 자루를 그린다

　바람에 옷자락이 펄럭이는 것을 모르는 듯 걷고
　아름다운 사람의 눈에서 신의 빛을 본다
　새벽에 깨어 아무 생각도 없이 누워
　죽고 싶다는 생각을 했지만 죽을 수 없다

봄비, 시, 멀고 먼 곳
어디선가 구부러진 길
떠도는 상념, 이 같은 소원, 어머니……
하늘이시여!
견디며 살아남고 싶도록 아름다운 것이 세상에 어찌 그리도 많은지요!

공존의 삶

나와 함께 나란히 있는 삶
내 방 가득한 어느 누군가의 세계
바로 앞에서 응시하며 고뇌로 속삭이는 듯한
보이지 않는 자의 들리지 않는 소리……

어떻게 하면 내가 너희들을 다치게 하지 않을 수 있을까?
내 어떤 욕망을 거절하고, 너희들의 결박을 풀 수 있을까?
나의 예민함과 슬픈 사랑의 노래를 견디는 자
자유가 나의 조국이라는 것을 인정하는 자
주위에 존재하는 위대하고 작은 삶……

손가락으로 탁자를 두드리는 소리가
너희들의 잠을 깨운다면
잔에 든 술을 집어던지며
큰 소리로 웃어 놀라게 한다면
고요함 속에 풀어져 내린

머리핀 소리에 너희들이 놀란다면

난 모든 것을 거부하고
죽을 준비가 되어 있다

희망과 고통에서 태어나는지도 모르는
내 자식들
아니, 내 친구들
어떻게 나는 너희들처럼 소리 없이 견딜 수 있을까?
어떻게 지고 살면서 모든 것을 이길 수 있을까?

나는 나뭇잎이었네

옆으로 새가 지나가자 어깨가 근질거리네
옛날, 언젠가 나는 날아가고 있었네
옆으로 바람이 세차게 스쳐갈 때 발이 아파온다네
옛날 그 언젠가, 나는 나뭇잎이었네

붉고 붉은 혈관의, 즙 많은 푸른 생명이
자라날 때마다 나는 봄을 칭송했었네
떨어질 때마다 나는 가을을 노래했었네
떨어지고, 떨어져 자라날 염원이 있었네

자애로운 신께서 누런빛에 붓을 담그시고
내 육신에 시를 쓰셨네
그래서 나는 시인으로 태어났네
엄동설한을 견디기 위해
하늘 눈(雪)을 냄새 맡기 위해 사람이 되었네

| 역자 후기 |

언어의 꽃봉오리에서 피어오르는 영혼의 향기

이안나

일. 을지터그스는 현대 몽골 시단을 대표하는 시인으로, 이미 몇 편의 시가 한국에 소개된 바 있다. 그녀의 시는 다분히 현대적인 시풍을 보이지만 다른 한편 몽골의 전통적인 서정성과 자연에 대한 관조적 색채가 깊이 배어 있다. 형식면으로 보면 자유시이면서 압운을 맞추는 전통적인 시 형식을 취하고 있어 절제와 자유로움이 잘 조화된 시 세계를 보여준다. 여성적인 차분함과 고요 속에도 강렬한 생에 대한 추구, 본질에 대한 갈망, 내면의 성찰이 녹아 있는 그녀의 시는 태양과 바람, 이슬과 벗해 살아가는, 인간의 손이 미치지 않은 깊은 산속의 청정한 샘물을 연상시킨다.

언어를 통해 자신의 세계를 창조하는 시인은 때로 창조자의 숨결을 가장 많이 부여받은 존재가 아닐까 생각하곤 한다. 그러나 새로운 것을 창조해 내는 존재는 그만한 아픔과 어둠을 견뎌내는 통과의례를 겪어야만 한다. 그래서 그녀는 시짓기를 "아이를 낳지 못해 괴로워하는 산모의 진통"이라고 표현한다.

을지터그스의 시에는 오감을 열어 인간과 생명체, 자연물을 연민하고 아파하며 사랑하는 섬세한 감수성이 느껴진다. 몽골 특유의 말 냄새나 가축의 젖 냄새가 나지 않지만, 어쩔 수 없이 자연과 더불어 살아가는 몽골인들의 자연 성향과 철학적 감수성이 물씬 풍겨난다. 시적 화자들은 대부분 자연과 동화되어 있으며, 그러한 시적 자아들은 유한한 인간을 가두는 시공을 뛰어 넘어 대상과의 새로운 말 걸기를 시도한다. 〈나는〉의 화자는 자연과 별개의 단독적 존재가 아니며 자연과 합일된 존재이다. 대초원 속에서 태어나고 자라난 몽골인들에게 자연은 타자가 될 수 없으며, 인간은 곧 자연이다.

산을 보면 나는 산

안개와 연무를 보면 구름

이슬비가 내린 뒤 풀

종달새가 노래하기 시작하자마자 나는 아침

나는 사람만이 아니다

이런 정서는 〈나는 나뭇잎이었네〉에서 더욱 극명하게 드러난다. 새가 날아가면 그 언젠가 자신이 새였음을 감각하고, 바람이 세차게 불면 언젠가 자신이 나뭇잎이었음을 깊고 깊은 무의식의 심층에서 건져 올린다. 이렇듯 시인은 도시에 살면서도 언제나 자연 속에서 생명의 힘을 충전 받는다. 또 보이고 보이지 않는 주위의 모든 곳에 인간과 동일시되는 생명체가 있음을 감지한다. 〈보이지 않는 아픔〉에는 인간들이 무심코 밟은 나뭇잎 하나에도 인간과 마찬가지로 심장, 얼굴이 있고 고통의 절규가 있음을, 그리고 그 속에 신이 있음을 응시한다. 그것을 깨닫지 못하고 그저 외관에 사로잡혀 사는 인간들의 무심함에 안타까움마저 느낀다.

> 발아래 누운 성스런 부처님
> 텅 빈 액자에 절하는 사람들
> 쓰레기와 함께 신들을 쓸어 태운다

이러한 생명 의식은 주변에 보이지 않는 무수한 생명체들과의 공존의 삶으로 확장된다. "나와 함께 나란히 있는 삶, 내 방 가득한 어느 누군가의 세계"의 존재들은 인간들이 가해 오는 폭력 아닌 폭력을 감수하며 인간 삶의 모든 것을 수용하기에, 화자는 "어떻게 나는 너희들처럼 소리 없이 견딜 수 있을까?

어떻게 지고 살면서 모든 것을 이길 수 있을까?"하고 탄식한다. 그리고 그러한 보이지 않은 존재들의 겸허함을 통해 삶의 태도를 배운다.

또한 자연물이 자신을 거부하거나 두려워할 때 시인은 인간 존재의 물성과 죄성을 느끼며 아파한다. 〈슬픔〉에서 화자에게 놀라 날아가는 호랑나비를 보며, 자연으로 살지 못하는 자신의 오염된 내면을 응시한다. 〈잘못〉에서는 지나칠 수 있는 보이지 않는 작은 잘못까지도 자연의 표정을 살피며, 잘못을 시인할 수밖에 없게 되는 시적 자아의 미세한 양심을 보여준다. 시인은 이렇듯 아주 섬세한 감수성으로 주변의 자연을 감지하고 자아를 성찰하는 사색적 존재로 깊어져 간다.

사랑을 노래하는 〈그때〉에서도 화자가 사랑하는 존재 앞에 다가가는 방식은 '새'가 되는 것, '산'이 되는 것이다. 그러나 새도 산도 사랑하는 존재에게 직접 화법을 쓰지 않고 온 몸으로 자신의 심정을 표현한다.

> 백 년 동안이나 네 주위를 날던
> 푸른 눈썹을 눈물에 흠뻑 적셔
> 네 발 아래 "사랑해"라고 썼다
> 눈썹을 뽑아
> 네 발 아래 "죽었다"라고 썼다

죽을 만큼 사랑하는 존재에게 이를 수 없는 고통이 자연과 일체가 되어 간절한 서정으로 묘사되고 있다. 이렇듯 을지터그스의 시적 화자들은 사랑하는 대상에게 이르기 위해 쉽게 자연물로 변하는 변신의 귀재들이다. 이것은 그녀의 시가 자연과 동화되어 살아가는 몽골인의 삶의 전통에 깊이 뿌리 내리고 있다는 것을 보여주는 예이다.

그녀의 시에 자주 언급되는 또 하나의 주제는 본질에 대한 끝없는 추구이다. 때로는 하늘의 별에, 때로는 깊이를 모르는 무한한 해저 속에서 변하거나 퇴색하지 않는 영원한 것을 향해 온 몸과 영혼을 기울인다. 〈거위들아〉에서 시인은 인간의 발이 닿지 않는 가장 높은 산에 이르러 전신의 열린 감각으로 자연을 느끼고, 그 정기를 타고 멀고 먼 저 별에 이르고 싶어 한다. 그 별은 어떤 것에도 뒤섞이지 않은 원초적인 빛을 간직한 자신의 본향이라 할 수 있다. 이렇게 하늘을 향하던 자아는 또 〈밤 바닷가에서〉 새가 되고 바다가 되어 수평과 수직의 무한한 깊이에 도달하기를 갈망한다. 파도가 무서운 것은 파도 그 자체가 아니라 파도를 두려워하는 마음 때문이라고 한다. 화자는 바다와 하나가 되고 그 해저에 도달하기를 갈망하지만 생명을 위협하는 엄청난 파도 앞에서 본능적으로 몸을 움츠린다. 그러나 바다와 자아가 둘이 아니라는 자각을 통해 두려움을 극복하고 생명을 삼킬 듯한 물결 속에서 고요를 얻고, 바다와 하나가 된다.

> 앞으로 단 한 발자국을 내딛으면
> 난 서러운 물이 될 것이다
> 의미 있는 선택 앞에서
> 잠시 떨다 가슴을 편다
> 눈을 감아도 보이는
> 칠흑 같이 어두운 밤바다의
> 출렁이며 밀려드는 장엄한 물결 속에서
> 고요를 얻는다

이렇게 용기를 내어 자아를 내어 던짐으로써 비로소 더 큰 자아를 회복했던 화자는 때로 발견했던 길을 잃고 다시 인간적인 고뇌에 빠지기도 한다. 〈달에 이르는 계단〉의 화자는 오랜 세월 걷고 또 걸어 달에 이른다. 그곳에서 "색깔 없는 흙과 냄새 없는 풀"을 구해와 삶의 비밀을 열어간다. 그러나 그 비밀을 깊이 깨닫기 위해 또 다시 길을 찾으려 하지만 그 길을 발견하지 못해 괴로워한다. 그럼에도 불구하고 시인은 존재의 알 낳기를 쉬지 않는다.

나의 고통, 나의 축복이

다른 이에게 소용이 되지 않아도

아파하고 있는 나는

알 낳기를 계속합니다

젊어서 창작을 못하면 시를 쓸 수 없다고 말하는 그녀. 그래서 생활고를 마다하지 않고 오로지 창작활동에만 전념하는 시인은 이렇게 알을 낳듯 삶에 대한 추구를 그치지 않는다. 일.을지터그스는 스스로 태어나면서부터 시와 더불어 태어났다고 생각한다. 그래서 그녀는 시가 아닌 다른 삶을 꿈꾸지 않고, 삶의 즐거움, 기쁨, 슬픔, 고뇌, 사랑, 추구를 자화상처럼 시 속에 용해시켜 나간다.

졸역으로 시의 아름다운 운율과 정서를 충분히 살려내지 못했다는 생각이 들지만, 이 책을 통해 나의 벗 을지터그스의 시가 많은 한국 독자들에게 공감되고 사랑받기를 진심으로 바란다.